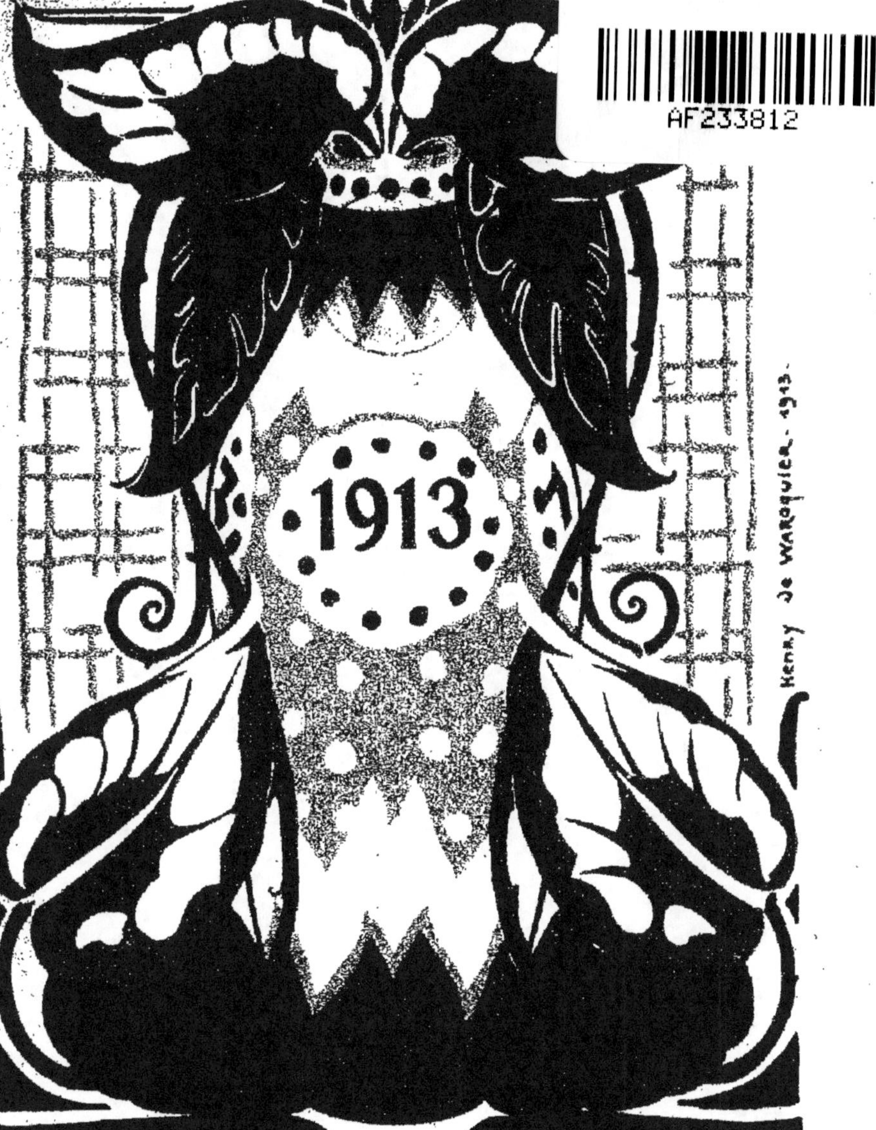

EXPOSITION DE GAND
1913
SALON
DE L'ART DÉCORATIF MODERNE
HENRY De WAROQUIER - 1913 -

❧ ❧ ❧

Arts décoratifs modernes

❧ ❧ ❧

CATALOGUE

❧

Prix : 0 fr. 50

❧

AVRIL-NOVEMBRE 1913

Gand.

COMITÉ :

Président. . . . M. François CARNOT, député,
président de l'Union Cen-
trale des Arts décoratifs.

Vice-présidents. . MM. Emile HUMBLOT, président
de l'Union Provinciale
des Arts décoratifs.
Gustave-Roger SANDOZ, se-
crétaire général de la
Société d'encouragement
à l'art et à l'industrie.
VERNIER, président d'hon-
neur de la Société des
Artistes décorateurs.

Secrétaire-rappor-
teur. . . . . M. Paul ALFASSA, conservateur
adjoint du Musée des Arts
décoratifs.

Membres. . . . MM. Louis BONNIER.
DAMMOUSE.
Auguste DELAHERCHE.
Léon JALLOT.
KARBOWSKY.
René LALIQUE.
Th. LAMBERT.
MARIUS-MICHEL.
Louis METMAN.
Charles PLUMET.

Salon des Arts décoratifs modernes

Architecte : M. Louis Sorel.

Ebénisterie de M. Tony Selmersheim.
Frises décoratives de M. Aubert.
Tenture dessinée par M. Coudyser, exécutée par
MM. Cornille frères.

La couverture du catalogue a été composée par M. Henry
de Waroquier.

CATALOGUE

ALET (Maurice et Edmond).

Dessins pour trois meubles en acajou, corail et bronzes.

AMAN-JEAN (Edmond).

Nocturne, panneau décoratif.

ANDRÉ (Albert).

Le Vin, panneau décoratif.
Appartient à MM. Durand-Ruel et fils.

AUBERT (Félix).

Velours de Gênes.
Exécuté par Tassinari et Chatel.

AUBURTIN (Francis).

Néréide, étude pour un panneau décoratif.

BARBIER (Georges).

Présents de fruits, deux écrans.

BARBOTEAUX (Georges).

Vase en bronze (pommes de pin).
Vase en bronze (épis de blé).
Vide-poche en bronze et argent incrusté (guêpes).

BARTHOLOMÉ.

Jeune fille se coiffant, bronze à cire perdue.

Appartient à M. Hébrard, fondeur.

BASTARD.

Eventails en corne incrustée de nacre.
Boîtes en bois et en corne incrustés de nacre.

BAUDIN (Georges).

Reliure pour *Au jardin de l'Infante*, de Samain.
Reliure pour les *Poésies* de Verlaine.

BECKER (Edmond).

Modèle de l'épée offerte à son président, M. Henry Roujon, de l'Académie française, par la Société d'encouragement à l'art et à l'industrie.

Gustave-Roger Sandoz orfèvre.
Gastinne-Renette armurier.

Plat en argent (pois de senteurs).

Appartient à M. Hébrard, fondeur.

BERNARD (Joseph).

Porteuse d'eau, bronze à cire perdue.

Appartient à M. Hébrard, fondeur.

BELTRAND (Jacques).

Deux gravures originales sur bois, pour *la Tragédie humaine (le Christ, Beethoven)*.
Pages de la *Vita Nuova*, gravures sur bois d'après Maurice Denis.
Pages des *Fioretti*, gravures sur bois d'après Maurice Denis.

BESNARD (Albert).

L'Ile heureuse, esquisse à l'aquarelle pour le panneau du Musée des Arts décoratifs.

Appartient au Musée des Arts décoratifs.

BIGARD (Gaston).

Etui à cigarettes en argent (coqs).
Etui à cigarettes en argent (martin-pêcheur).
Vase en argent et or.

BIGAUX (Louis).

Lampe électrique en bronze doré.

BIGOT (Raymond).

Deux aquarelles décoratives : *Oiseaux*.

BONNAUD.

Émaux.

BOIGEGRAIN.

Toile imprimée.

Exécutée par l' « Association des toiles de Rambouillet ». Damon et Berteaux, éditeurs.

BONVALLET (Lucien).

Lampe en cuivre argenté.
Grand vase en cuivre doré au mercure (vigne).
Vases, bouteilles, gourde, en cuivre jaune ou rouge.
Cafetière en argent.

Cardeilhac orfèvre.

Corbeille à pain en argent et ivoire.

Cardeilhac orfèvre.

BOURDELLE.

Tête d'enfant, bronze à cire perdue.
Appartient à M. Hébrard, fondeur.

BOURGEOT.

Vitrine plate,
Appartient à M. Marius-Michel.

BOURGOUIN (Eugène).

Calice en argent.
Bouton fixe de porte en bronze doré.
Poussoir électrique en bronze doré.

BRANDT (E.-W.).

Lampe, coupe-papier et croix-pendentif en fer
forgé.

BRATEAU (J. P.).

Nef à fleurs en étain.
Gobelet en étain, « les Saisons ».
Gobelet en étain, « Pâquerettes ».

BUGNIOT (Auguste).

Impressions typographiques : modèles de
menus et carnets de bal.

CAPON (Eugène).

Vase en cuivre jaune et argent monté au
marteau (eucalyptus).

CAPON (Georges).

Vase en acier monté au marteau (capucines).
Vase en cuivre rouge monté au marteau
(algues).

CARLÈGLE.

Toile imprimée.
Editée par André Groult.

CAZIN (Mme Berthe).

Les hortensias, coupe en argent repoussé.
Dorade, ramasse-miettes en argent repoussé.

CHARPENTIER (Alexandre).

La Fuite des heures, bronze à cire perdue
Appartient à M. Hébrard, fondeur.

Drageoir et pichets en bronze.
Gustave-Roger Sandoz éditeur.

CHÉRET (Jules).

Deux tapisseries.
Appartiennent à M. Maurice Fenaille.

CLAUDEL (Camille).

L'Abandon, groupe en bronze.
Édité par Eugène Blot.

COUDYSER (Jules).

Velours imprimé : fleurs de pommier.
Satin imprimé : amaranthes.
Toile imprimée (liserons) servant de tenture
à la salle des « Arts décoratifs modernes ».
Exécutés par Cornille frères.

COUSTURIER (Lucie).

Bégonias et fruits, peinture.
Appartient à MM. Bernheim jeune.

CROS (Jean).

Panneau décoratif en pâte de verre : paysage.

CROS (Marcelle).

Broderie : paysage.

DALOU.

Baigneuse, bronze à cire perdue.
Appartient à M. Hébrard, fondeur.

DAMMOUSE.

Coupes et gobelets en pâte de verre.

DELVOLVÉ-CARRIÈRE (Lisbeth).

Roses roses, peinture.
Appartient à MM. Bernheim-jeune.

DECŒUR (Emile)

Céramiques.

DÉCORCHEMONT.

Vases en pâte de verre.

DEFLANDRE.

Dessin pour une armoire.

DEJEAN.

Femme au grand manteau, bronze à cire perdue.
Appartient à M. Hébrard, fondeur.

DELAHERCHE (Auguste).

Grès au grand feu.

DENIS (Maurice).

Quatre cartons pour la décoration d'une salle
de musique.
Illustrations pour la *Vita Nuova* et les *Fioretti*,
gravées par Jacques Beltrand.

DESBOIS.

Femme à l'arc, bronze à cire perdue.
Ecuelle en cuivre jaune.
Boucle en or.
Appartiennent à M. Hébrard, fondeur.

DESVALLIÈRES (Georges).

Adam et Ève, peinture décorative.

DESVALLIÈRES (Mlle Sabine).

Abat-jour brodé.
Lampe de Méthey.

DETHOMAS (Maxime).

Maquette de décor pour la représentation de
Niou au Théâtre des Arts.
Costume pour la représentation de *Marie-
Madeleine* au Théâtre des Arts.
Costume pour la représentation de *Miarka* au
Théâtre des Arts.

D'HOMME (Maurice).

Faïences de grand feu : bouteille et coupes.

DOBLER (Henri).

Reliures à plats de laque métallique.

DRÉSA.

Maquette de décor pour la représentation des *Aveux indiscrets* au Théâtre des Arts.
Projet pour la décoration d'un boudoir.

Toile imprimée.
Editée par André Groult.

DUBRET.

Collier en émail, perles et pierres (œillets de Chine).
Collier en or ciselé et émaillé (fleurettes bleues).
Pendentif en émail translucide, or et pierres (guêpes).
Broche en émail et pierres (chicorée).
Pendant-reliquaire en or repoussé.

DUFRÈNE (Maurice).

Lampas.
Exécuté par Tassinari et Chatel.

DUNAND (Jean).

Quatre grands vases en cuivre repoussé et ciselé.
Vases en cuivre, en acier, en étain, en nickel, en cuivre doré.
Cendriers en cuivre doré et émaillé.

D'ESPAGNAT (Georges).

Enfants jouant dans un parc, panneau décoratif.
Appartient à MM. Durand-Ruel et fils.

Toile imprimée.
Editée par André Groult.

DE FÉLICE (Mlle Marguerite).

Paravent en cuir repoussé et brodé.

FERLET (A.-A.).

Serrure en acier ciselé (œillets).

FEUILLATRE (Eugène).

Boîtes en argent émaillé.

FLANDRIN (J.).

Roses sur un banc de jardin, peinture.
Appartient à M. Druet.

FOLLOT (Paul).

Guéridon en citronnier marqueté.
Appartient au Musée des Arts décoratifs.

Lampas,
Bordure en velours de Gênes.

Exécutés par Tassinari et Chatel.

GAILLARD (Eugène).

Mobilier de salon-bibliothèque en palissandre :
    Canapé, fauteuils, chaises.
    Bibliothèque.
    Table à thé et table gigogne.
    Pupitre à musique.
    Paravent.
    Sellette.

    Tapis dessinés par M. Gaillard. Etoffes dessinées par M. Gaillard et M. Baeyens.

GARRIC (Pierre).

Miroir à main en bois sculpté.

GAUTIER (Mme Marie).

Eventail, aquarelle sur soie.

GALTIER-BOISSIÈRE (Mme).

Frise de fruits, peinture.

GANDAIS (Henri).

Céramiques :
    Baguier.
    Vase.
    Plat à fruits.

GERMAIN (Mlle L.-D.).

Reliure pour *Toute la Flandre* de Verhaeren.
Reliure pour *le Trésor des Humbles* de Maeterlinck.

GIOT.

Couverts en argent.

Appartiennent au Musée des Arts décoratifs.

GIRALDON.

Calice en or.

Christofle orfèvre.

Appartient à M. Duquesne.

Lampas.

Exécuté par Tassinari et Chatel.

Compositions pour l'illustration des *Nuits* de Musset et des *Eglogues* de Virgile.

Florian, graveur. Plon-Nourrit et Cie, éditeurs.

GROULT (André).

Toile imprimée.

GUÉRIN (Charles).

Deux maquettes de décors pour la représentation du *Couronnement de Poppée* au Théâtre des Arts.

Appartiennent à M. Druet.

GUIMARD.

Plat en cuivre doré.

Appartient au Musée des Arts décoratifs.

HABERT-DYS.

Vases en cristal avec métal coulé.

HAIRON (Charles).

Légumier en argent (fougères).
Appartient à M. Hébrard, fondeur.

Boîte à poudre en argent.
Boîte en ébène ornée d'incrustations.

HAMM (Henri).

Coupe en corne.
Boîtes en bois et argent.
Boîte en argent doré.

D'HEUREUX (Mlle ANDHRÉE).

Broderie, point à l'aiguille.

HIRTZ.

La Ronde, panneau décoratif en émail.
Appartient au Musée du Luxembourg.

Gobelet en argent incrusté d'émaux.
Vase en cuivre monté au marteau, orné d'émaux.

HUMBLOT (Mme Emile).

Eventail, application sur tulle (*Boutons d'or*).
Couvre-théière, broderie (*Géraniums*).

HUSSON.

Coupes et vases en cuivre et argent.
Coupe en émaux champlevés.
Cuiller en argent.
Collier en or.
> *Appartiennent à M. Hébrard, fondeur.*

JACQUIN (G. A).

Boîte à couvercle en émail.

JALLOT (Léon).

Mobilier de salle à manger en bois vernis (cuba
et laurier cerise) orné de bronzes :
Buffet.
Deux dessertes.
Argentier.
Table.
Fauteuils et chaises.
> Panneau décoratif de Waldraff.

JAULMES (G. L.).

Le Bain, peinture.

Toile imprimée.
> *Exécutée par l' « Association des Toiles de
> Rambouillet ». Damon et Berteaux, éditeurs.*

KIEFFER (René).

Reliure pour *Au pays des pardons*.
Reliure pour *Poèmes parisiens*.
Reliure pour *En rade*.

KARBOWSKY.

Brocatelle (corbeilles de fleurs).
Brocatelle pour les rideaux d'un salon de musique.
Velours de Gênes pour les meubles d'un salon de musique.

Exécutés par Tassinari et Chatel.

LACHENAL (Edmond).

Céramiques.

LALIQUE

Verreries.
Bijoux.

LALIQUE (Mlle Suzanne).

Modèles pour impressions sur étoffe.

Appartiennent au Musée des Arts décoratifs.

LANDRY.

Toile imprimée.
Editée par les Magasins du Printemps.

LAMBERT (Théodore).

Guéridon en acajou, incrusté de cuivre.
Lampe électrique, avec prise de courant, interrupteur et support en ivoire et argent doré.

Etoffes.
Têtière de fauteuil brodée.

Exécutées par Delaruelle.

LAPRADE.

Roses et porcelaines, peinture.
Appartient à M. Druet.

LAUGIER (Léon).

Assiettes en porcelaine.
Appartiennent au Musée des Arts décoratifs.

LE BŒUFFLE.

Dessin pour une vitrine.

LECREUX (Mme Gaston).

Rouget-grondin en corne et argent ciselé.

LEFEBVRE (Camille).

Grande boîte en argent (courge).
Appartient à M. Hébrard, fondeur.

LELIÈVRE (E.-A.).

Vase de grès monté en argent (chardon).
Vase au blé.
Appartient au Ministère de l'agriculture.
Vase en bronze patiné (cardon).

LE MEILLEUR (Marie).

Frise aux lierres, broderie.

LENOBLE (Emile).

Céramiques.

MAGNE (Lucien).

Velours de Gênes.
Edité par Tassinari et Châtel.

MAILLAUD (Fernande).

Le Vent, tapisserie de laine.

MANGEANT (Paul-Emile).

Pendentif en argent, or et nacres.
Agrafe en argent et nacres (astéries).
Diadème en or, agent et nacres.

MANZANA-PISSARRO.

Panneaux décoratifs.
Appartiennent à M. Hébrard.

MARE (André).

Reliures.

MARQUE (Albert).

Le Miroir, la Coiffure, médaillons en bronze.
Éveil, statuette en bronze.
Maternité, groupe en bronze.
Groupe d'enfants en pierre.

MARQUET (Adrienne).

Motifs typographiques.

MARTIN-SABON (Mme).

Boîte à poudre en bois, cuir et corne.
Reliure pour un livre de mariage.

MARIUS-MICHEL

Reliure pour un Livre d'or.
Reliures.

MARRET (Henri).

Fragment de carton pour une décoration
exécutée à fresque dans *l'Aérium* d'Arès
(Gironde).

MARTIN (Henri).

Esquisse pour un carton de tapisserie: « l'Au-
tomne ».
Appartient à M. Maurice Fenaille.

MARVAL (Mme).

Fleurs des champs, peinture.
Appartient à M. Druet.

MASSOUL (M. et Mme).

Céramiques.

MATHEY (Louis).

Sac en argent ciselé.

MAUFRA (Maxime).

Fruits sur une table de jardin, peinture.
Appartient à MM. Durand-Ruel et fils.

MAZELINE (Mme).

Toile imprimée.
Editée par les Magasins du Printemps.

MÈRE (Clément).

Bibelots divers.

MENU.

Toiles imprimées.
Exécutées par l' « Association des toiles de Rambouillet ». Damon et Berteaux, éditeurs.

MÉTHEY.

Céramiques.
Appartiennent à M. Hébrard.

MEZZARA (Paul).

Napperon en dentelle (blés).

MILLAUD (A.).

Entrée de serrure en cuivre (souris).
Entrée de serrure en fer forgé (chélidoine).

MONOD (Edouard).

Plat en argent battu, repoussé et ciselé.
Appartient au Musée des Arts décoratifs.
Vase en argent, battu, repoussé et ciselé.
Appartient à M. le baron Edmond de Rothschild.
Petite coupe en argent.

MOREAU-NÉLATON (Etienne).

Grès cérames.

O'KIN (Mlle).

Coupe en ivoire incrusté de clous d'or.

PANGON (Mme Marguerite).

Couteau à papier en bois d'amourette incrusté.

PÉJAC (Gilbert).

Légumier en argent.
Appartient à M. Hébrard, fondeur.

PRÉVOT (Gabriel).

Eventail brodé.

RENOIR.

Pommes, peinture.
Appartient à MM. Bernheim-jeune.

RICHET (Gaston).

Coupe en émail (papillon et feuilles de vigne).

RIGAL (Jean-Germain et Jules).

Dessins de meubles.

RIVAUD (Charles).

Colliers, pendentifs, bracelets et bagues.

RIVIÈRE (Mme Pauline).

Col brodé (plumes de paon).

ROBERT (Emile).

Grille en fer forgé : *le Renard et la Cigogne*.

ROCHE (Pierre).

Fer à repasser.

RODIN.

Femme accroupie, bas-relief en bronze.
Appartient au Musée des Arts décoratifs.

ROUSSEL (K.-X.).

Enlèvement des filles de Leucippe, esquisse d'un grand panneau décoratif.
Appartient à MM. Bernheim-jeune.

RUMÈBE (Fernand).

Céramiques.

SAINT-ANDRÉ.

Reliures en cuir ciselé.
Coffret en cuir ciselé et repoussé au marteau.

SCHEIDECKER (Frank).

Corbeille à pain en bronze doré.
Vase en bronze doré (épis).

SCHENCK (Edouard).

Plaques de porte en cuivre repoussé.

SELMERSHEIM (Pierre).

Chaise et fauteuil en bois de teck.
Sellette en palissandre.
Cadre-support en bronze doré, pour la pla-
   quette de M. le Sénateur Emile Dupont, par
   F. Vernon.

   Roger Sandoz orfèvre.

SELMERSHEIM (Tony).

Mobilier de boudoir :
   Guéridon.
   Bureau de dame.
   Fauteuils.
   Chaises.
   Bibliothèque.
   Cheminée.

   Tenture et carpette dessinées par Quénioux.

SÉGUY (E.-A.).

Reliure (oliviers).

SIMMEN (H.).

Grès au sel et grès de grand feu.

SINS (Mme).

Toile imprimée.
Editée par les Magasins du Printemps.

SZABO.

Grille d'intérieur en fer forgé.

STERN (Pierre-Charles).

Eventail, gouache.

Lampas.
Exécuté par Tassinari et Châtel.

TAUZIN (H.).

Projet pour la porte d'un hôtel particulier.

TEMPLIER (Raymond).

Pendentif argent et pierre de lune.
Plaque de corsage or et chrysoprases.
Peigne or et émail.
Bagues.

THIÉNOT (Charles).

Vases en bronze.

TOURRETTE (Etien ne).

Vase en or émaillé.
Coupe en or émaillé.
Fond de coupe, émaux cloisonnés.

VALLOTTON.

Capucines et prunes, peinture.
Appartient à M. Druet.

VERNIER (E.-S.).

Jetons, broches et breloques.

VUILLARD.

Pieds-d'alouette et géraniums, peinture.
Appartient à MM. Bernheim-jeune.

WAROQUIER (Henry de).

Reliures en mosaïques de cuir pour deux vo-
lumes du *Japon artistique*.
Reliure en mosaïque de cuir pour *Illustrations
pour Yvonne*.
Vue prise de Kerity (baie de Paimpol), aqua-
relle.
Côte de Loguivy, aquarelle.
Couverture du présent catalogue.

Poitiers. — Société française d'imprimerie.

www.ingramcontent.com/pod-product-compliance
Lightning Source LLC
LaVergne TN
LVHW050329030726
842520LV00005B/1850